*Francisco
e os animais*

Pino Madero

Francisco e os animais

O lobo

No tempo em que são Francisco morava na cidade de Gubbio, apareceu por ali um grande lobo, terrivelmente feroz, que atacava não só cordeiros e ovelhas, mas também mulheres e crianças. Os moradores de Gubbio estavam aterrorizados.

Francisco, então, encaminhou-se para o lugar onde ficava a toca do lobo. A fera, arreganhando os dentes, surgiu diante do santo. Mas Francisco, traçando sobre ele o sinal-da-cruz, chamou-o para junto de si, dizendo:

— Irmão lobo, eu lhe ordeno, em nome do Altíssimo, que não faça mal nem a mim nem a qualquer outra pessoa.

Imediatamente, manso como um cordeiro, o lobo deitou-se aos pés de Francisco.

Os moradores de Gubbio aproximaram-se e rodearam-nos. O santo disse:

— Irmão lobo, prometa solenemente a mim e aos moradores de Gubbio que você não atacará mais nem animais nem pessoas.

Francisco estendeu a mão. O lobo levantou a pata direita e colocou-a na mão do santo, em sinal de promessa. Os moradores ficaram profundamente surpresos com o milagre e prometeram, numa só voz, alimentar de bom grado o lobo.

Daquele dia em diante, o animal viveu na cidade de Gubbio, indo de casa em casa, para alegria de todos.

Quando o lobo morreu de velhice, todos sentiram profundamente, porque ele lhes recordava o santo gesto de Francisco.

A cigarra

Próximo da igrejinha da Porciúncula, onde morava o bem-aventurado Francisco, crescia uma figueira. No alto da árvore, junto à cela do santo, pousava uma cigarra que cantava muito com sua voz estridente.

Certo dia, Francisco, estendendo a mão, propôs-lhe ternamente:

— Irmã cigarra, eu lhe peço, venha!

Como se tivesse ouvido uma ordem celeste, a cigarra voou e pousou na mão de Francisco. O homem de Deus disse-lhe:

— Cante, minha irmã cigarra, os louvores do Senhor, seu criador.

Sem hesitar, a cigarra obedeceu; o santo, então, uniu seu canto ao dela, e juntos louvaram o Senhor.

Ao cair da noite, Francisco e a cigarra pararam de cantar, e ela voltou para o alto da figueira. Por muitos dias a cigarra obedeceu a Francisco. Vinha para perto dele, cantava e ia embora. Até que um dia o homem de Deus disse aos companheiros:

— Deixemos, agora, que nossa irmã cigarra se vá. Ajudou-nos muito a louvar ao Senhor e alegrou-nos com seu canto.

Com permissão de Francisco a cigarra foi-se embora e não voltou mais àquele lugar, para não desobedecer sua ordem.

O rouxinol

Uma noite, voltando de uma viagem em companhia de frei Leão, chamado "ovelhinha de Deus", Francisco chegava nas proximidades da igrejinha da Porciúncula.

Dirigindo-se ao fiel companheiro, disse:

— Vamos parar aqui, junto dessa rocha. Dentro em pouco a noite vai descer e, então, cantaremos os salmos do final do dia.

Apesar de cansado e doente, Francisco nunca se apoiava em muros, árvores ou rochas enquanto salmodiava, mas cantava os louvores do Senhor sempre de pé, com a cabeça descoberta, sem o capuz.

Eis que, do bosque próximo, elevou-se o canto muito terno de um rouxinol.

Francisco disse ao companheiro:

— Frei Leão, "ovelhinha de Deus", veja como todas as noites o irmão rouxinol eleva sua oração ao Altíssimo. Vamos unir nosso canto ao dele.

Frei Leão respondeu:

— Pai, minha voz não é muito agradável. Mas cante o senhor, que possui uma voz cristalina.

E são Francisco, de pé junto da rocha, cantou com o rouxinol os salmos da noite. Mas pouco depois parou e disse ao companheiro:

— Não posso competir com o irmão rouxinol. Se tentasse imitá-lo, estragaria sua oração. Vamos ouvi-lo, frei Leão, e acompanhemos, com os lábios e com o coração, os louvores do Altíssimo.

As andorinhas

Num dia de primavera, o bem-aventurado Francisco chegou a uma cidadezinha perto de Sena, juntamente com frei Egídio, a fim de pregar as maravilhas do Evangelho.

Logo as pessoas saíram de suas casas e reuniram-se na praça, para ouvir com interesse o homem de Deus.

No céu límpido, chilreava esvoaçando um bando de andorinhas.

Como fizessem grande alarido com seu chilreado, as pessoas não conseguiam ouvir direito o anúncio da palavra de Deus. O bem-aventurado Francisco, então, disse às andorinhas:

— Irmãs andorinhas, parem de cantar até que eu tenha terminado minha pregação.

Subitamente as andorinhas calaram-se, pararam de esvoaçar e pousaram nas árvores e sobre os telhados das casas, para espanto geral das pessoas.

Francisco terminou a pregação e, em seguida, disse às andorinhas:

— Minhas irmãzinhas, agora podem recomeçar seu vôo e seu canto.

Imediatamente, logo que receberam a ordem, as andorinhas voaram e recomeçaram a chilrear no céu claro, como de hábito.

Em louvor de Jesus Cristo e de Francisco, o pobrezinho.

O passarinho

Certa vez, Francisco e frei Pacífico chegaram às margens de um lago, nas proximidades de Todi.

Enquanto frei Pacífico procurava um barqueiro que os pudesse levar para a outra margem, o manso santo esperava à beira do lago, cercado de algumas crianças. Um pescador deu-lhe de presente um passarinho, parecido com o martim-pescador, aprisionado numa gaiola.

Pouco tempo depois, chegou Frei Pacífico junto com um barqueiro. Francisco e frei Pacífico entraram no barco e prosseguiram a viagem com o barqueiro. Quando chegaram no meio do lago, Francisco abriu a gaiola, tomou nas mãos o passarinho e lançou a gaiola na água. Segurando delicadamente a pequena ave na palma da mão, disse-lhe ternamente:

— Seu canto me seria muito agradável, mas você se sentirá bem mais feliz em poder cantar no vasto céu. Eu o convido a levantar vôo.

O passarinho, mesmo livre para voar, acomodou-se na mão do santo, como se estivesse dentro de um ninho. Então Francisco disse-lhe:

— Já que não atendeu ao meu convite, eu lhe ordeno em nome da santa obediência: vá embora e cante no céu os louvores do Altíssimo.

O Frade de Deus ergueu a mão e, só então, o passarinho levantou vôo, demonstrando, com os movimentos do corpo, sinais de imensa alegria.

A truta

Francisco não só amava as aves pela sua plumagem e seu canto, mas também nutria afeto pelos peixes. Sempre que lhe era possível, o santo devolvia-os à água ainda vivos.

Certo dia, o homem de Deus encontrava-se num barco ancorado no cais do pequeno lago de Piediluco. Junto com ele estava frei Mansueto. Um pescador amavelmente ofereceu-lhe de presente uma truta, que havia acabado de pescar. Francisco aceitou-a prazerosamente e pegou o peixe com cuidado,

mas subitamente lançou-o fora do barco, jogando-o na água e dizendo-lhe:

— Meu irmão peixe, cuidado para não ser pescado novamente!

Em seguida, o homem de Deus começou a louvar o Senhor em nome de todas as criaturas.

A truta, no entanto, não se afastou do barco. Durante algum tempo, pulou na água alegremente. Terminada a oração, o santo dirigiu-se a ela como se fosse uma criatura dotada de raciocínio:

— Você foi chamada a louvar o Senhor, irmã truta, porque a liberdade lhe foi concedida. Agora, pois, volte para os seus semelhantes, em nome do Senhor.

Só depois de ter recebido a ordem do santo a truta submergiu na profundeza escura da água e desapareceu à vista dos frades.

A abelha

Certo dia, Francisco rezava, ajoelhado, no interior da igrejinha da Porciúncula, situada nos arredores de Assis. Junto dele encontrava-se frei Silvestre, homem simples e temente a Deus.

Era inverno e fazia um frio rigoroso. A neve gélida, trazida pelo vento, batia de encontro à vidraça da janelinha.

De repente, Francisco interrompeu a oração e disse ao companheiro:

— Ouvi alguém bater na janela: abra a porta, frei Silvestre, e convide-o a entrar em nome de Deus.

Frei Silvestre abriu a porta, olhou para fora e disse:

— Pai, não vejo nem pessoas nem animais. Com um tempo desses ninguém se aventura a sair.

Mas Francisco, ajoelhado, segurava na mão algo que recolhera do chão. Disse:

— Nossa irmã abelha foi trazida pelo vento quando você abriu a porta, mas é tarde demais.

O servo de Deus aqueceu com um sopro a abelha, mas o inseto tinha morrido de fome e frio.

Francisco, com a voz entrecortada pelas lágrimas, disse:

— Vamos pelas casas de Assis, frei Egídio, esmolar algum potinho de mel para alimentar nossas irmãs abelhas. Durante todo o verão elas trabalharam, e as pessoas, na sua ganância, privaram-nas do mel. Agora temos obrigação de mantê-las vivas por amor ao seu Criador.

As pedras

Francisco não amava e respeitava somente os seres vivos, plantas e animais, mas nutria os mesmos sentimentos pelos seres inanimados e inertes como as pedras e, até, os elementos da natureza: chuva, ar, fogo, nuvens, vento e neve.

Certo dia, Francisco viajava na garupa de um burrinho, conduzido por um camponês. Frei Filipe seguia-os a pé. Enfileirados, enveredaram por um caminho estreito e pedregoso.

São Francisco disse ao camponês:

— Suplico-lhe, irmão, não deixe o burrinho pisar nas pedras.

— Pai, é porque as pedras provocam solavancos e lhe causam incômodo? — perguntou frei Filipe.

— Talvez — respondeu o camponês — não queira que o meu burrinho se canse.

— Não é por causa disso — respondeu Francisco.— Disso já pedi perdão ao irmão burrinho. Mas falei em atenção às pedras deste caminho. Elas são símbolo de Cristo, que a Escritura chama de Pedra, Rocha.

— Mas, pai — argumentou o camponês —, como podemos evitar as pedras se o caminho está cheio delas?

Francisco respondeu:

— Se isso não for possível, então caminhemos sobre elas ao menos com respeito.

O fogo

Acima de todos os seres inanimados, Francisco amava de maneira especial o irmão fogo.

Certa vez, encontrava-se em companhia de alguns companheiros no monte Alverne.

À noite os frades se recolhiam numa pequena cabana feita de galhos de árvores, onde comiam um pouco de alimento. Durante o dia inteiro, cada frade havia se isolado em oração.

Uma noite frei Egídio acendeu uma fogueira perto da cabana, para cozinhar algumas raízes colhidas no bosque. Uma rajada de vento fez voar uma brasa ardente sobre o casebre, que, de imediato, pegou fogo.

Frei Egídio tentou controlar o incêndio, mas, sozinho, não conseguiu. Naquele momento Francisco chegou para tomar a refeição junto com os outros irmãos.

Frei Egídio disse-lhe:

— Graças a Deus que chegou, pai. Ajude-me rápido a controlar essas chamas.

Mas Francisco não quis atendê-lo para não destruir o irmão fogo, símbolo da luz eterna. Preferiu entrar na humilde cabana, pegou uma pele de animais para proteger-se durante a noite e, em seguida, desapareceu no bosque.

Logo depois, chegaram os outros frades e apagaram o in-

cêndio. Francisco retornou mais tarde, para a refeição. Depois de tomá-la, disse aos companheiros:

— Não quero mais cobrir-me com essa pele, porque por causa da minha avareza não permiti que o irmão fogo a devorasse.

O camponês e o burro

Certa ocasião, durante o inverno, o santo fez uma viagem do monte Alverne até Assis. Por causa do estado de fraqueza em que se encontrava e da aspereza do caminho, cavalgava num burrinho conduzido por um camponês.

Uma noite os dois viajantes viram-se obrigados a pernoitar ao relento, no campo, sob a proteção de uma rocha. Francisco afastou-se alguns passos e escavou com as mãos na neve, que estava alta e compacta. Encontrou alguns tufos de capim e algumas raízes amargas.

— Esse capim ainda está verde — disse ao camponês. — E essas raízes servirão para nós.

O camponês, o burrinho e Francisco prepararam-se para passar a noite ali. O servo de Deus comeu algumas raízes, mas o camponês rejeitou-as.

Francisco deitou-se perto do burrinho, enquanto o camponês continuou a queixar-se do frio. Então, o bem-aventurado ajoelhou-se no chão e recolheu-se em oração: logo que terminou a súplica, inflamado pelo fogo do amor divino, estendeu os braços; com uma das mãos tocou a fronte do camponês e, com a outra, a cabeça do burrinho.

Ao sentir o toque daquelas mãos, imediatamente o homem e o animal sentiram-se invadidos, dentro e fora, por uma onda de calor intenso. Então, confortados por aquele calor invisível, logo adormeceram e repousaram tranqüilamente até a manhã seguinte.

Os lobos

Em 1224, Francisco subiu, pela última vez, o monte Alverne. Acompanhava-o frei Leão, "ovelhinha de Deus". Ao alvorecer do dia 17 de setembro, rezava ajoelhado sobre a terra nua, quando, por graça de Deus, o pobrezinho recebeu nas mãos, nos pés e no peito as chagas do Cristo crucificado.

Imediatamente frei Leão decidiu levar Francisco de volta para Assis. No meio do caminho os dois frades passaram numa cidadezinha chamada São Verecundo.

Os camponeses do lugar convidaram Francisco a pernoitar ali, dizendo-lhe:

— Fique conosco, pai. Não se aventure pela selva com essa escuridão. Por esses lados andam lobos muito ferozes. Eles poderiam devorá-lo, junto com

seu companheiro e o burrinho que você monta.

Francisco respondeu:

— Nunca fiz mal algum aos lobos para que eles tenham motivo para devorar-nos.

Os camponeses deram a frei Leão um lampião, e os dois embrenharam-se na selva densa e escura. Entre as árvores começaram a surgir pontos luminosos: eram os olhos dos lobos que refletiam a luz do lampião. As feras seguiam Francisco a distância, como se estivessem a seu serviço, mas nenhuma delas se aproximou.

Francisco e o companheiro, então, entoaram cantos de louvor ao Senhor, seguidos pelos uivos dos lobos, que uniram suas vozes às dos frades.

Assim, sem que sofressem mal algum, os dois frades e o burrinho atravessaram a selva e, na manhã seguinte, chegaram a Assis.

Os cordeiros

Num dia de inverno, Francisco caminhava por uma vereda acompanhado de frei Paulo. Fazia muito frio e os campos estavam cobertos de neve. De repente cruzaram com um homem que vestia um manto pesado, macio e novo. O homem reconheceu Francisco e ofereceu-lhe generosamente o agasalho.

O pobrezinho disse-lhe:

— Os frades não possuem mantos por amor à santa pobreza. Mas em atenção à sua generosidade, hoje vou aceitá-lo de bom grado.

Os dois frades prosseguiram seu caminho, protegidos do frio sob o manto. Encontraram mais adiante um pastor que levava dois cordeirinhos para o mercado.

Francisco perguntou-lhe:

— O que acontecerá com esses bichinhos?

O pastor respondeu:

— Alguém os comprará, depois os matará para comê-los.

Francisco retrucou, com os olhos cheios de lágrimas :

— Isso não pode acontecer! Tome este manto em troca, mas não leve os cordeiros ao mercado.

O pastor aceitou o manto muito satisfeito e prometeu não vender os dois animaizinhos no mercado.

Francisco e frei Paulo retomaram seu caminho. Sentiam muito frio no corpo, mas estavam com o coração inflamado de amor porque tinham conseguido salvar a vida de duas criaturas do Altíssimo.

O coelho

Certa vez, Francisco, em companhia de frei Leão, hospedou-se para passar a noite na choupana de uma velha camponesa. No curral, numa gaiola estreita e mal-cheirosa, estava um coelhinho branco. Tinha olhos vermelhos, ternos e tristes.

Na manhã seguinte, bem cedo, os dois frades saíram do curral. Francisco disse à camponesa:

— Mas por que você mantém aquele coelhinho branco preso naquela gaiola tão apertada?

A mulher respondeu:

— Se eu o deixasse solto, ele acabaria fugindo!

— Eu lhe prometo — disse-lhe Francisco — que não irá fugir. Traga-o aqui e deixe-o correr feliz pelo prado.

A mulher pegou o animalzinho e o colocou na grama, junto de Francisco.

O coelhinho havia nascido e crescido no escuro curral. Nunca tinha visto um prado. Cheirou a erva, esfregou o nariz e depois, dando um grande salto, saiu correndo.

A camponesa gritou:

— Eu o perdi! Ele fugiu!

Mas o coelhinho, depois de ter corrido bastante, em todas as direções voltou e se recolheu, ofegante, aos pés do santo.

O homem de Deus disse à camponesa, que estava atônita:

— Eu lhe suplico, mulher, que deixe todos os dias o irmão coelho correr um pouco pelo prado.

— Eu prometo! — respondeu-lhe a mulher.

As criaturas

Dois anos depois de ter recebido nas mãos, nos pés e no peito as chagas do Senhor, o bem-aventurado Francisco morreu. Era o dia 3 de outubro de 1226.

Os restos mortais de Francisco foram colocados, provisoriamente, na igrejinha de São Jorge, em Assis.

Os frades e o povo começaram a construir um templo digno da transparente santidade de Francisco. Na primavera de 1231 o templo estava terminado. Surgiu majestosamente na colina do Paraíso, pouco distante dos muros da cidade de Assis. No dia 25 de maio do mesmo ano, o corpo de Francisco foi solenemente transportado da igrejinha de São Jorge até a nova basílica.

Os frades e a população de Assis acompanharam o santo frade, cantando, em procissão. Naquele dia de primavera, todas as criaturas participaram da homenagem dos frades e do povo. O irmão vento agitava os ramos das oliveiras, plantadas ao longo dos belos declives da colina. As crianças recolhiam flores multicores e as espalhavam pelo caminho por onde passava a procissão com o corpo

do santo. Os riachos, que corriam pelos campos, uniam suas vozes cristalinas às dos passarinhos, que chilreavam alegremente, cada qual no seu próprio tom.

    Os despojos mortais do beatíssimo pai foram colocados sob o altar da basílica. Quando o sol se pôs, os frades e o povo acenderam tochas, lampiões e fogueiras. Assim, também o irmão fogo pôde participar daquela alegria, iluminando as trevas.

O cântico

Este é o Cântico das Criaturas, composto por frei Francisco para louvar o Senhor, pouco antes de morrer:

Louvado sejas, meu Senhor, com todas as tuas criaturas, especialmente o irmão Sol, que brilha durante o dia e nos ilumina.
E ele é belo, radioso, e com grande esplendor.
De ti, Altíssimo, é símbolo e imagem.

Louvado sejas, meu Senhor, pela irmã Lua e pelas Estrelas: no céu tu as formaste claras, preciosas e belas.

Louvado sejas, meu senhor, pelo irmão Vento, pelo ar, pela nuvem e pelo sereno e por todo o tempo pelo qual às tuas criaturas dás sustento.

Louvado sejas, meu Senhor, pela irmã Água, a qual é muito útil e humilde, preciosa e casta.

Louvado sejas, meu Senhor, pelo irmão Fogo, com o qual iluminas a noite; e ele é belo e alegre, majestoso e forte.

Louvado sejas, meu Senhor, por nossa mãe Terra, a qual nos sustenta e governa, produzindo diversos frutos com coloridas flores e ervas.

Sumário

O lobo...4

A cigarra...6

O rouxinol...8

As andorinhas...10

O passarinho..12

A truta...14

A abelha..16

As pedras..18

O fogo...20

O camponês e o burro..22

Os lobos..24

Os cordeiros...26

O coelho..28

As criaturas..30

O cântico...32

Dados Internacionais de Catalogação na Publicação (CIP)
(Câmara Brasileira do Livro, SP, Brasil)

Madero, Pino
Francisco e os animais / Pino Madero [ilustrações de Anna Curti ; tradução Silva Debetto C. Reis]. -- 3. ed. -- São Paulo : Paulinas, 2013. – (Coleção grandes histórias para pequenos leitores)

Título original: Francesco e gli animali.

1. Francisco, de Assis, Santo, 1181 ou 2-1226   2. Literatura infantojuvenil I. Curti, Anna.   II. Título.   III. Série.

13-03642   CDD-028.5

Índices para catálogo sistemático:

1. Santos : Literatura infantojuvenil   028.5
2. Santos : Literatura juvenil   028.5

Título original da obra: *FRANCESCO E GLI ANIMALI*
© PAOLINE Editoriale Libri — FIGLIE DI SAN PAOLO
Via Francesco Albani, 21 — 20149 — Milano, 1994

Direção geral: *Maria Bernadete Boff*
Coordenação editorial: *Maria de Lourdes Belém*
Revisão: *Paulo César de Oliveira*
Gerente de produção: *Felício Calegaro Neto*
Direção de arte: *Irma Cipriani*
Tradução: *Silva Debetto C. Reis*
Ilustrações: *Anna Curti*
Editoração eletrônica: *Valéria Calegaro*

3ª edição – 2013
4ª reimpressão – 2021

Nenhuma parte desta obra poderá ser reproduzida ou transmitida por qualquer forma e/ou quaisquer meios (eletrônico ou mecânico, incluindo fotocópia e gravação) ou arquivada em qualquer sistema ou banco de dados sem permissão escrita da Editora. Direitos reservados.

Paulinas

Rua Dona Inácia Uchoa, 62
04110-020 – São Paulo – SP (Brasil)
Tel.: (11) 2125-3500
http://www.paulinas.com.br – editora@paulinas.com.br
Telemarketing e SAC: 0800-7010081
© Pia Sociedade Filhas de São Paulo – São Paulo, 2015